미순쌤의
초등
1~2학년
영어 2

미순쌤의
초등
1~2학년
영어 2

펴 낸 날 2021년 1월 8일

지 은 이 이미순
펴 낸 이 이기성
편집팀장 이윤숙
기획편집 윤가영, 이지희, 서해주
표지디자인 이지희
책임마케팅 강보현, 김성욱
펴 낸 곳 도서출판 생각나눔
출판등록 제 2018-000288호
주   소 서울 잔다리로7안길 22, 태성빌딩 3층
전   화 02-325-5100
팩   스 02-325-5101
홈페이지 www.생각나눔.kr
이 메 일 bookmain@think-book.com

• 책값은 표지 뒷면에 표기되어 있습니다.
  ISBN 979-11-7048-181-2 (63740)

방과 후 놀이영어 수업을 위한 교재

미순쌤의
초등 1~2학년 영어 **2**

생각나눔

누구든 영어를 잘하고 싶은 사람은 생활 속에 자신의 관심 분야를 놀이 영어로 습관처럼 반복하는 것이 그 비결이다. 마치 악보는 읽지 못해도 노래의 멜로디는 잘 부르는 것과 같다. 그런 의미에서 미순쌤의 본 교재는 영어를 쉽고 재밌게 배우고자 하는 어린이들에게는 매우 유용한 책으로 적극 추천한다.

– 삼육대학교 음악학과 교수 김철호

저자 이미순 선생을 알고 지낸 지 10여 년쯤 된 것 같다. 언제나 활기 있으시고 에너지 넘쳐서 주위 사람들을 기분 좋게 해주는 능력을 가지신 분이다. 이번에 초등학생을 위한 방과 후 교재를 보니 이 선생의 열정이 들여다보인다. 적절한 삽화와 사진, 실용적이고 아이들 눈높이에 맞춘 단어 선택들, 새로운 언어의 접근이 흥미와 반복 학습으로 이루어진다고 보면 이번 책은 아주 적절한 교재라고 추천하고 싶다.

– 서울연합내과 원장 김기찬

이 책은 제 업무 영어에 많은 도움을 주신 미순쌤의 초등학교 저학년을 위한 교재입니다. 처음 영어를 접하는 친구들이 어떻게 접근하면 좋을지, 영어가 마냥 어렵다고만 알고 있는 친구들에게 도움이 많이 될 것입니다. 일상생활에서 도움이 되는 주제별 단어 정리, 컬러링과 게임을 통해 즐겁고 재미있게 영어를 접할 수 있습니다. 부디 친구들이 이 책을 통해서 영어를 공부가 아닌 일상생활에서 사용하는 하나의 언어로 생각할 수 있으면 좋겠습니다.

– 외국계 회사 근무 정연미

이 책에는 저자가 오랜 기간 교육 현장에서 얻은 경험과 노하우가 책 속에 그대로 녹아 있다. 저자는 초등 1~2학년들에게 어렵고 지루할 수 있는 영어를 그림 그리기나 게임 등을 통해 재밌고 친숙하게 만들어 주고 있다. 이 책 하나면 영어를 재밌게 공부하기에 충분할 것 같다.

– CMS 랭귀지센터 유준

영어에 이제 막 첫발을 내딛는 초등학교 학생들에게 좋은 교재가 될 것입니다. 처음 영어를 어떻게 배우고, 인식하는지가 중요한데 아이들이 영어에 쉽게 다가가고, 흥미를 느낄 수 있도록 구성되어있는 교재입니다.

– 서울대 재학 주종림

이 미 순 *Misoon Lee*

미국 Andrews University 졸업(석사)

홍연초, 녹천초, 경수초, 신남초, 구산초, 북성초, 개웅초, 경일초,
신정초, 방화초, 대청초, 청덕초 그 외 다수 방과 후 영어 강사

본 저자는 1995년에 한 초등학교에서 특기 적성 영어 강사로 강의를
시작한 이래로 다수의 초등학교와 중학교 그리고 고등학교에서 방과 후 영
어 강사로 근무하였으며 현재도 활발하게 활동하는 중이다.

ALPHABET 대문자 및 소문자

자음: Consonant 모음: Vowel

A – a	N – n
B – b	O – o
C – c	P – p
D – d	Q – q
E – e	R – r
F – f	S – s
G – g	T – t
H – h	U – u
I – i	V – v
J – j	W – w
K – k	X – x
L – l	Y – y
M – m	Z – z

PREFACE

　초등학교 1~2학년 영어가 부활하고 놀이 영어 방식과 음성 언어로 가르쳐야 한다는 교육청 지침이 나옴에 따라 기존 영어 강사들의 수업 운영 방식에 많은 변화가 생겼다. 그동안 놀이 영어 중심의 초등학교 1~2학년 방과 후 영어 교재로 마땅한 교재가 없어서 오랜 고민 끝에 이 책을 집필하게 되었다. 1995년에 특기 적성 영어 강사로 한 초등학교에서 강의를 한 이래로 수많은 경험과 노하우를 쌓으며 학생들을 가르쳐 왔고 미국에서 석사 학위를 위해 유학할 때 만난 수많은 외국 친구들에게 배운 미국의 문화와 언어가 내게 많은 도움이 되었다.

　이 책은 알파벳 순서에 따라 1장 A에서 26장 Z에 이르기까지 다양한 내용을 담고 있다. 재미있는 영어 단어, 영어 게임, 파닉스, 영어 노래 그리고 필수 영어회화 등을 알기 쉽게 설명하였고 각 Chapter에 나오는 연관성 있는 것들로 색칠함으로써 다시 한번 복습할 수 있도록 하였다. 또한, 미순쌤의 기초 영어 회화를 통하여 배운 내용을 문장으로 말하는 연습을 하도록 하였다.

　이 책으로 공부하는 모든 초등학교 1~2학년 학생들이 영어에 더욱 흥미와 관심을 갖고 열심히 공부함으로써 많은 발전이 있기를 소망하며 지도하시는 영어 선생님들께도 좋은 결과가 있기를 소망합니다.

이 미 순 *Misoon Lee*

이 책의 활용법

　　많은 초등학교 방과후 수업은 3개월 단위로 수업이 진행되므로 일주일에 두 번 수업을 할 때 총 12주로 24번 수업을 하게 됩니다. 이 책은 총 26장으로 알파벳 순서로 기록되어 있는데, 이 중 21장 Christmas songs와 22장 Games를 제외하고 수업마다 한 Chapter 씩 수업을 하시면 됩니다. 21장은 크리스마스 캐럴로 이루어져 있고 22장은 게임에 관해 설명했습니다. 또한 부록에도 영어 노래가 몇 곡 있습니다. 매 수업 적절히 영어 노래와 영어 게임을 활용하시면 됩니다. Chapter마다 POWER POINT를 사용하여 시각적 효과를 극대화하고, 다양한 카드와 교구를 사용하셔서 수업에 생동감과 흥미를 주시고 제가 YouTube에 올리는 수업을 참고하시기 바랍니다.

*YouTube로 들어가셔서 미순쌤의 초등 1~2학년 영어를 검색하시기 바랍니다.

CONTENTS

A & Numbers

Phonics A (A는 여러 다른 발음이 난다.)

A [æ]	**apple**	**alligator**	a가 '애' 발음이 난다.
A [æ]	**b**at	**y**ak	a가 '애' 발음이 난다.
A [ɑː]	**Argentina**	**arm**	a가 '아~' 발음이 난다.
A [ɑː]	**sh**ark	**h**arp	a가 '아~' 발음이 난다.
A [ə]	**Br**azil	**b**anana	a가 '어' 발음이 난다.
A [ei]	**April**	**angel**	a가 '에이' 발음이 난다.
A [ei]	**er**aser	**r**adio	a가 '에이' 발음이 난다.
A [ɔː]	**l**awyer	**f**all	a가 '오~' 발음이 난다.
A [ɛə]	**sc**ary	**p**arent	a가 '에어' 발음이 난다.
A [i]	**char**acter	**garb**age	a가 '이' 발음이 난다.

Numbers

0	zero	30	thirty
10	ten	40	forty
20	twenty	50	fifty
21	twenty - one	60	sixty
22	twenty - two	70	seventy
23	twenty - three	80	eighty
24	twenty - four	90	ninety
25	twenty - five	100	one hundred
26	twenty - six	1000	one thousand
27	twenty - seven	10000	ten thousand
28	twenty - eight	100000	one hundred thousand
29	twenty - nine	1000000	one million

미순 쌤의
기초 영어 회화

A: Can you count 1 to 100 in English?

B: Yes, I can.

B & Sports

Phonics B (B는 'ㅂ' 발음이 난다.)

B [b]	**banana**	**bear**
B [b]	**book**	**bat**
B [b]	**bird**	**body**
B [b]	**Brazil**	**brave**
B [b]	**brother**	**blue**
B [b]	**bedroom**	**blueberry**
B [b]	**bank**	**boat**
B [b]	**beach**	**brush**

Sports

1	American football	미식축구		13	Ice hockey	아이스하키
2	Badminton	배드민턴		14	Judo	유도
3	Baseball	야구		15	Marathon	마라톤
4	Basketball	농구		16	Ping-pong	탁구
5	Boxing	권투		17	Soccer	축구
6	Cycling	사이클링		18	Squash	스쿼시
7	Diving	다이빙		19	Swimming	수영
8	Fencing	펜싱		20	Table tennis	탁구
9	Golf	골프		21	Taekwondo	태권도
10	Gymnastics	체조		22	Tennis	테니스, 정구
11	Handball	핸드볼		23	Volleyball	배구
12	Hockey	하키		24	Wrestling	레슬링

미순 쌤의
기초 영어 회화

A: What sport do you like?

B: I like sport climbing.

C & Toys

Phonics C (C는 여러 다른 발음이 난다.)

C [k]	**cat**	**crab**	c가 'ㅋ' 발음이 난다.
C [k]	**Canada**	**cook**	c가 'ㅋ' 발음이 난다.
C [k]	**focus**	**clear**	c가 'ㅋ' 발음이 난다.
C [s]	**France**	**circle**	c가 'ㅅ' 발음이 난다.
C [s]	**rice**	**bicycle**	c가 'ㅅ' 발음이 난다.
C [s]	**center**	**city**	c가 'ㅅ' 발음이 난다.
C [ʃ]	**special**	**magician**	c가 '쉬' 발음이 난다.
C [tʃ]	**cello**	**chest**	c와 ch가 '취' 발음이 난다.

Toys

1	**Action figure**	액션 피규어	13	**Frisbee**	원반 장난감 (프리스비)
2	**Airplane**	비행기	14	**Kite**	연
3	**Ball**	공	15	**Puppet**	인형극에 쓰이는 인형
4	**Balloon**	풍선	16	**Puzzle**	퍼즐
5	**Bike**	자전거	17	**Robot**	로봇
6	**Block**	블록	18	**Scooter**	스쿠터
7	**Board game**	보드게임	19	**Teddy bear**	곰 인형
8	**Boat**	보트	20	**Toy**	장난감
9	**Car**	자동차	21	**Toy duck**	고무 오리
10	**Cube**	큐브	22	**Train**	기차
11	**Dice**	주사위	23	**Trampoline**	트램펄린
12	**Doll**	인형	24	**Yo-yo**	요요

미순 쌤의
기초 영어 회화

A: What's your favorite toy?

B: It's a car.

D & English conversation 1

Phonics D (D는 'ㄷ' 발음이 난다.)

D [d]	**d**esk	**d**og
D [d]	**d**eer	**d**olphin
D [d]	**D**enmark	**d**uck
D [d]	**d**rum	**d**octor
D [d]	Mon**d**ay	stu**d**ent
D [d]	diamon**d**	re**d**
D [d]	laun**d**ry	avoca**d**o
D [d]	win**d**y	col**d**

English conversation 1

Greetings

*처음 만났을 때 하는 인사

A: How do you do? I'm Tom. (처음 뵙겠습니다. 저는 탐이에요.)

B: How do you do? I'm Jane. (처음 뵙겠습니다. 저는 제인이에요.)

*평상시에 하는 인사

A: How are you? (잘 지내시지요?)

B: I'm fine. How are you? (저는 잘 지내요. 잘 지내시지요?)

A: I'm fine. Thanks. (저도 잘 지내요. 고마워요.)

*아침 인사

Good morning!

*오후 인사 (낮 12시 이후)

Good afternoon!

*저녁 인사

Good evening!

*헤어질 때 하는 인사

Good bye!

*헤어질 때 하는 인사 (밤 인사)

Good night!

E & Subjects

Phonics E (E는 여러 다른 발음이 난다.)

E [e]	**egg**	**elephant**	e가 '에' 발음이 난다.
E [e]	**bed**	**neck**	e가 '에' 발음이 난다.
E [i:]	**Egypt**	**equal**	e가 '이~' 발음이 난다.
E [i:]	**zebra**	**preschool**	e가 '이~' 발음이 난다.
E [i]	**eleven**	**excited**	e가 '이' 발음이 난다.
E [i]	**puppet**	**recorder**	e가 '이' 발음이 난다.
E [ə]	**barber**	**sister**	e가 '어' 발음이 난다.
E [ə:]	**Germany**	**nervous**	e가 '어~' 발음이 난다.

Subjects

1	Korean	한국어	13	Chemistry	화학
2	English	영어	14	Medicine	의학
3	Math	수학	15	Psychology	심리학
4	Science	과학	16	Nutrition	영양
5	Art	미술	17	Marketing	마케팅
6	Music	음악	18	Biology	생물학
7	P.E.	체육	19	Geology	지질학
8	History	역사	20	Theology	신학
9	Social studies	사회	21	Politics	정치
10	Geography	지리	22	Social work	사회사업
11	Education	교육	23	Nursing	간호
12	Law	법	24	Computer science	컴퓨터 과학

미순 쌤의
기초 영어 회화

A: What's your favorite subject?

B: It's math.

F & House

Phonics F (F는 'ㅍ' 발음이 난다.)

F [f]	**fish**	**fox**
F [f]	**frog**	**fire**
F [f]	**family**	**father**
F [f]	**four**	**flute**
F [f]	**flower**	**five**
F [f]	**Friday**	**fall**
F [f]	**fruit**	**fig**
F [f]	**life**	**cafe**

Chapter 06

House

1	Air conditioner	에어컨		13	Mirror	거울
2	Bathtub	욕조		14	Pillow	베개
3	Bed	침대		15	Refrigerator	냉장고
4	Blanket	담요		16	Rice cooker	밥솥
5	Bookcase	책장		17	Sofa	소파
6	Cabinet	캐비닛		18	Stove	스토브
7	Chair	의자		19	Table	탁자
8	Computer	컴퓨터		20	Teapot	찻주전자
9	Desk	책상		21	Telephone	전화기
10	Fan	선풍기		22	Television	텔레비전
11	Furniture	가구		23	Trash can	쓰레기통
12	Lamp	램프		24	Washing machine	세탁기

미순 쌤의
기초 영어 회화

A: When did you buy your new TV?

B: I bought it last week.

31

G & Clothes

Phonics G (G는 'ㄱ, 쥐' 발음이 난다.)

G [g]	**gas**	**grape**	'ㄱ' 발음이 난다.
G [g]	**<u>G</u>reece**	**green**	'ㄱ' 발음이 난다.
G [g]	**August**	**angry**	'ㄱ' 발음이 난다.
G [g]	**tiger**	**kangaroo**	'ㄱ' 발음이 난다.
G [dʒ]	**<u>G</u>ermany**	**giraffe**	'쥐' 발음이 난다.
G [dʒ]	**gym**	**ginger**	'쥐' 발음이 난다.
G [dʒ]	**Belgium**	**engineer**	'쥐' 발음이 난다.
G [dʒ]	**college**	**orange**	'쥐' 발음이 난다.

Clothes

1	**Blouse**	블라우스	13	**Scarf**	스카프
2	**Boots**	부츠	14	**Shirt**	셔츠
3	**Cap**	챙이 달린 모자	15	**Shoes**	신발
4	**Coat**	코트	16	**Shorts**	반바지
5	**Dress**	드레스, 원피스	17	**Skirt**	치마
6	**Gloves**	장갑	18	**Sneakers**	운동화
7	**Hat**	모자	19	**Socks**	양말
8	**Jacket**	재킷	20	**Suit**	(옷) 한 벌, 정장
9	**Jeans**	진바지, 청바지	21	**Sweater**	스웨터
10	**Mittens**	벙어리장갑	22	**Tie**	넥타이
11	**Pants**	바지	23	**Underwear**	속옷
12	**Sandal**	샌들	24	**Vest**	조끼

미순 쌤의
기초 영어 회화

A: What do you want to wear today?

B: My new dress.

Chapter 08

H & English conversation 2

Phonics H (H는 'ㅎ' 발음이 난다.)

H [h]	**h**ippo	**h**at
H [h]	**h**ouse	**h**orse
H [h]	**h**and	**h**air
H [h]	**h**ospital	**h**ot
H [h]	**h**usband	**h**ope
H [h]	**h**arp	**h**elicopter
H [h]	**h**appy	**h**yena
H [h]	**h**oney	**h**otel

English conversation 2

*이름 묻고 답하기

A: **What's your name?** (당신의 이름은 무엇입니까?)

B: **My name is Tom.** (제 이름은 탐입니다.)
What's your name? (당신의 이름은 무엇입니까?)

A: **My name is Jane.** (제 이름은 제인입니다.)
Nice to meet you. (만나서 반갑습니다.)

B: **Nice to meet you, too.** (저도 역시 만나서 반갑습니다.)

*나이 묻고 답하기

A: **How old are you?** (당신은 몇 살입니까?)

B: **I'm eight years old.** (저는 8살입니다.)

*출신 나라 묻기

A: **Where are you from?** (당신은 어느 나라에서 왔어요?)

B: **I'm from South Korea.** (저는 한국에서 왔어요.)

*취미 묻기

A: **What's your hobby?** (당신의 취미는 무엇입니까?)

B: **I like playing ping-pong.** (저는 탁구를 치는 것을 좋아합니다.)

I & Store

Phonics I (I는 여러 다른 발음이 난다.)

I [i]	**lip**	**hippo**	'이' 발음이 난다.
I [i]	**pig**	**wing**	'이' 발음이 난다.
I [i:]	**police**	**visa**	'이~' 발음이 난다.
I [ə]	**giraffe**	**family**	'어' 발음이 난다.
I [ə]	**April**	**pencil**	'어' 발음이 난다.
I [ə:]	**bird**	**shirt**	'어~' 발음이 난다.
I [ɑi]	**pilot**	**tiger**	'아이' 발음이 난다.
I [ɑi]	**child**	**bicycle**	'아이' 발음이 난다.

Store

1	Beverage	음료	13	Oil	기름
2	Bread	빵	14	Pepper	후추
3	Butter	버터	15	Rice	쌀
4	Cookie	쿠키	16	Salt	소금
5	Drink	음료	17	Snack	간식
6	Egg	계란	18	Soy milk	두유
7	Flour	밀가루	19	Soy sauce	간장
8	Honey	꿀	20	Sugar	설탕
9	Hot pepper	매운 고추	21	Tofu	두부
10	Ice cream	아이스크림	22	Vinegar	식초
11	Milk	우유	23	Water	물
12	Nuts	견과류	24	Yogurt	요구르트

미순 쌤의
기초 영어 회화

A: Can you buy some juice for me?

B: Yes, I can.

J & Food

Phonics J (J는 '쥐' 발음이 난다.)

J [ʤ]	**jet**	**jam**
J [ʤ]	**jaguar**	**jackal**
J [ʤ]	**judge**	**jelly**
J [ʤ]	**June**	**July**
J [ʤ]	**Jupiter**	**juice**
J [ʤ]	**jacket**	**jump**
J [ʤ]	**jungle**	**jellyfish**
J [ʤ]	**janitor**	**jasmine**

Chapter 10

Food

1	**Beef**	소고기	
2	**Bibimbap**	비빔밥	
3	**Bread**	빵	
4	**Bulgogi**	불고기	
5	**Chicken**	닭고기	
6	**Cookie**	쿠키	
7	**Curry and rice**	카레라이스	
8	**Doughnut**	도넛	
9	**Dumplings**	만두	
10	**Fish**	생선	
11	**Fried rice**	볶음밥	
12	**Kimbab**	김밥	
13	**Lasagna**	라자냐	
14	**Noodle**	국수	
15	**Pie**	파이	
16	**Pizza**	피자	
17	**Pork**	돼지고기	
18	**Salad**	샐러드	
19	**Soup**	수프	
20	**Spaghetti**	스파게티	
21	**Steak**	스테이크	
22	**Sushi**	초밥	
23	**Tteokguk**	떡국	
24	**Waffle**	와플	

미순 쌤의
기초 영어 회화

A: Do you know how to make Patbingsu?

B: Yes, I do.

K & Daily necessity

Phonics K (K는 'ㅋ' 발음이 난다.)

K [k]	**key**	**king**
K [k]	**kite**	**koala**
K [k]	**Korea**	**kitchen**
K [k]	**kiwi**	**keyboard**
K [k]	**meerkat**	**banker**
K [k]	**donkey**	**zookeeper**
K [k]	**Denmark**	**park**
K [k]	**pink**	**shark**

Chapter 11 Daily necessity

1	Battery	건전지	13	Plate	접시
2	Brush	브러시	14	Rice scoop	주걱
3	Cell phone	휴대폰	15	Rinse	린스
4	Chopsticks	젓가락	16	Scoop	국자
5	Comb	빗	17	Shampoo	샴푸
6	Compass	나침반	18	Soap	비누
7	Cup	컵	19	Spoon	숟가락
8	Detergent	세탁 세제	20	Tissue	티슈
9	Fork	포크	21	Toilet paper	화장지
10	Glass	유리잔	22	Toothbrush	칫솔
11	Knife	칼	23	Toothpaste	치약
12	Light bulb	전구	24	Towel	수건

미순 쌤의
기초 영어 회화

A: What will you buy in a department store?

B: I will buy some plates.

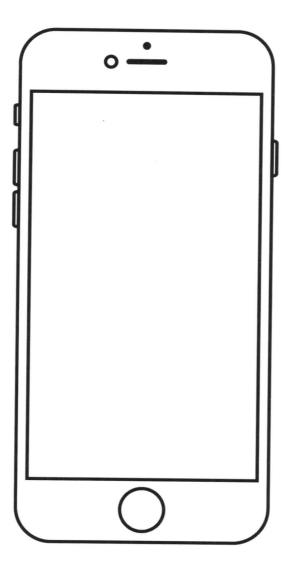

L & English conversation 3

Phonics L (L은 'ㄹ' 발음이 난다.)

ㄴ [l]	**lion**	**lemon**
ㄴ [l]	**lobster**	**lip**
ㄴ [l]	**lime**	**leg**
ㄴ [l]	**lizard**	**leopard**
ㄴ [l]	**silver**	**galaxy**
ㄴ [l]	**pilot**	**violin**
ㄴ [l]	**Brazil**	**Italy**
ㄴ [l]	**family**	**uncle**

English conversation 3

*사과할 때

A: I'm sorry. I'm late. (미안해. 늦었어.)

B: No problem. (괜찮아.)

*감사할 때

A: Thank you for helping me. (도와줘서 고마워.)

B: You're welcome. (천만에요.)

*물건 이름 묻기

A: What's this? (이것은 무엇입니까?)

B: It's an eraser. (그것은 지우개 입니다.)

A: What's that? (저것은 무엇입니까?)

B: It's a board. (그것은 칠판입니다.)

*가능성 묻기

A: Can you swim? (당신은 수영을 할 수 있나요?)

B: Yes, I can. (네, 할 수 있어요.)

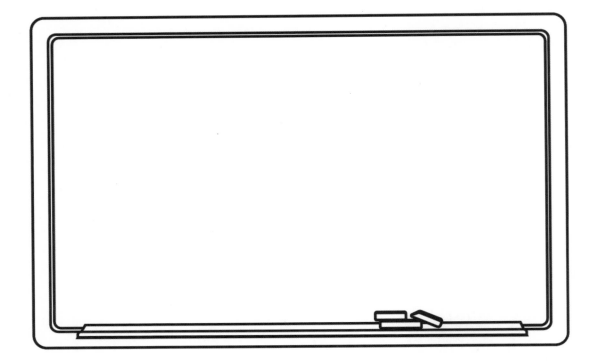

M & Stationery

Phonics M (M은 'ㅁ' 발음이 난다.)

M [m]	**M**exico	**m**oon
M [m]	**M**ay	**m**ath
M [m]	**M**ars	**m**onkey
M [m]	**M**onday	**m**ango
M [m]	far**m**er	co**m**pany
M [m]	Dece**m**ber	water**m**elon
M [m]	roo**m**	dru**m**
M [m]	Vietna**m**	ar**m**

Stationery

1	**Bag**	가방	13	**Paint**	물감
2	**Card**	카드	14	**Paper**	종이
3	**Chalk**	분필	15	**Pen**	펜
4	**Confetti**	색종이 조각 (축제일 등에 뿌리는)	16	**Pencil**	연필
5	**Crayon**	크레용	17	**Pencil case**	필통
6	**Diary**	일기, 다이어리	18	**Pencil sharpener**	연필깎이
7	**Envelope**	봉투	19	**Pin**	핀
8	**Eraser**	지우개	20	**Ruler**	자
9	**Folder**	폴더	21	**Scissors**	가위
10	**Globe**	지구본	22	**Sketch book**	스케치북
11	**Marker**	마커(굵은 펜)	23	**Stapler**	스테이플러
12	**Notebook**	공책	24	**Sticker**	스티커

미순 쌤의
기초 영어 회화

A: Can I borrow your scissors?

B: Yes, you can.

N & Animals

Phonics N (N은 'ㄴ' 발음이 난다.)

N [n]	**nose**	**nurse**
N [n]	**noodle**	**news**
N [n]	**name**	**neck**
N [n]	**Netherlands**	**night**
N [n]	**knife**	**knee**
N [n]	**Canada**	**chestnut**
N [n]	**brown**	**corn**
N [n]	**Sweden**	**melon**

Animals

1	**Antelope**	영양	13	**Ostrich**	타조
2	**Bee**	벌	14	**Ox**	황소
3	**Buffalo**	버팔로, 물소, 아메리카들소	15	**Panda**	판다
4	**Butterfly**	나비	16	**Porcupine**	호저
5	**Camel**	낙타	17	**Rhino**	코뿔소
6	**Chameleon**	카멜레온	18	**Scorpion**	전갈
7	**Cheetah**	치타	19	**Skunk**	스컹크
8	**Cow**	암소	20	**Snail**	달팽이
9	**Crab**	게	21	**Spider**	거미
10	**Dragonfly**	잠자리	22	**Squirrel**	다람쥐
11	**Flamingo**	홍학	23	**Toad**	두꺼비
12	**Hyena**	하이에나	24	**Wolf**	늑대

미순 쌤의
기초 영어 회화

A: Do you know how many legs crabs have?

B: Yes, I do. They have ten legs.

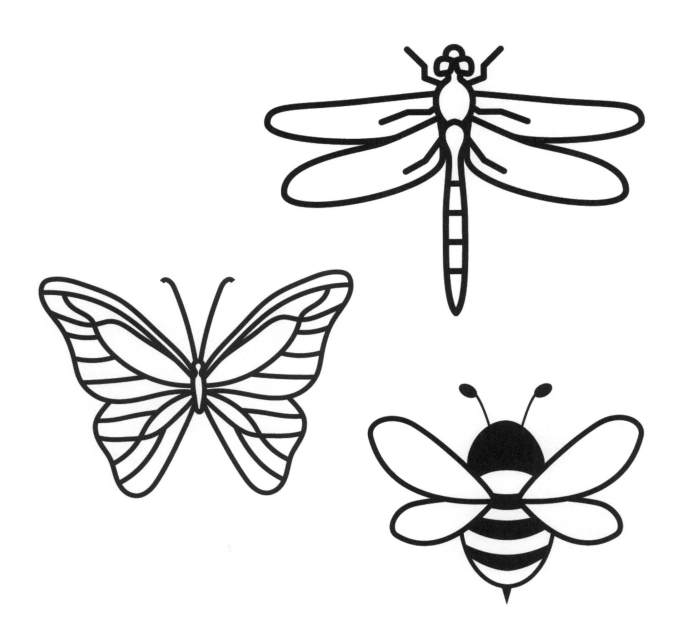

O & Plants

Phonics O (O는 여러 다른 발음이 난다.)

O [ʌ]	**m<u>o</u>nkey**	**s<u>o</u>n**	'어' 발음이 난다.
O [ɔ:]	**<u>o</u>range**	**d<u>o</u>g**	'오~' 발음이 난다.
O [ɑ]	**m<u>o</u>m**	**d<u>o</u>ll**	'아' 발음이 난다.
O [ou]	**g<u>o</u>ld**	**hipp<u>o</u>**	'오우' 발음이 난다.
O [ə]	**oct<u>o</u>pus**	**alligat<u>o</u>r**	'어' 발음이 난다.
O [u]	**w<u>o</u>lf**	**d<u>o</u>**	'우' 발음이 난다.
OO [u]	**f<u>oo</u>t**	**b<u>oo</u>k**	'우' 발음이 난다.
OO [u:]	**igl<u>oo</u>**	**z<u>oo</u>**	'우~' 발음이 난다.

Plants

1	**Aloe vera**	알로에 베라		13	**Morning glory**	나팔꽃
2	**Bamboo**	대나무		14	**Orchid**	난초
3	**Cactus**	선인장		15	**Palm tree**	야자수
4	**Cosmos**	코스모스		16	**Peppermint**	페퍼민트
5	**Dandelion**	민들레		17	**Pine tree**	소나무
6	**Edelweiss**	에델바이스		18	**Plant**	식물
7	**Flower**	꽃		19	**Poison ivy**	포이즌 아이비
8	**Herb**	허브		20	**Reed**	갈대
9	**Ivy**	아이비, 담쟁이덩굴		21	**Rose**	장미
10	**Jasmine**	자스민		22	**Sunflower**	해바라기
11	**Lavender**	라벤더		23	**Tree**	나무
12	**Lily**	백합		24	**Tulip**	튤립

미순 쌤의
기초 영어 회화

A: What's your favorite flower?

B: It's a rose.

P & English conversation 4

Phonics P (P는 'ㅍ' 발음이 난다.)

P [p]	**panda**	**plane**	
P [p]	**puma**	**purple**	
P [p]	**Peru**	**pig**	
P [p]	**airport**	**octopus**	
P [p]	**Japan**	**hope**	
P [p]	**sheep**	**ship**	
PH [f]	**dolphin**	**elephant**	ph가 'ㅍ' 발음이 난다.
PH [f]	**Philippine**	**telephone**	ph가 'ㅍ' 발음이 난다.

English conversation 4

*요일 묻기

A: **What day is it today?** (오늘은 무슨 요일이죠?)

B: **It's Friday.** (금요일이에요.)

*날짜 묻기

A: **What's the date today?** (오늘이 며칠이죠?)

B: **It's May 1st.** (5월 1일이에요.)

*소유 여부 묻기

A: **Do you have a pen?** (당신은 펜이 있나요?)

B: **Yes, I do.** (네, 있어요.)

*장소 묻기

A: **Where is mom?** (엄마는 어디에 있죠?)

B: **She's in the kitchen.** (그녀는 부엌에 있어요.)

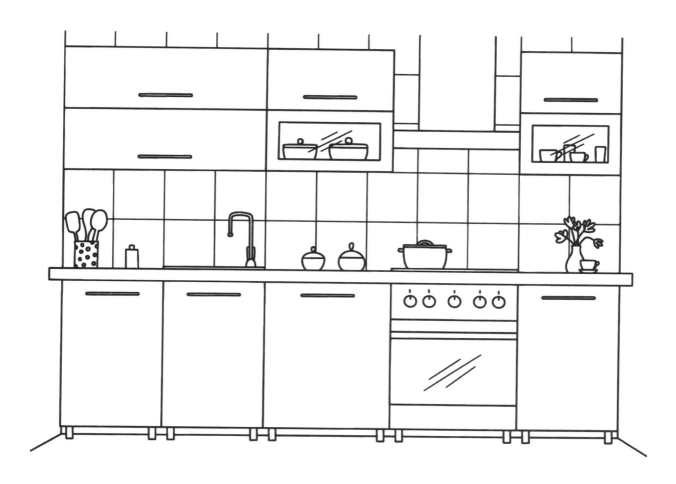

Q & Countries

Phonics Q (Q는 'ㅋ' 발음이 난다.)

Q [k]	**queen**	**quiz**
Q [k]	**quail**	**question**
Q [k]	**quiet**	**quick**
Q [k]	**quarter**	**quality**
Q [k]	**equal**	**square**
Q [k]	**squirrel**	**squash**
Q [k]	**squeeze**	**quit**
Q [k]	**conquer**	**squat**

Countries

1	**Argentina**	아르헨티나	13	**Nepal**	네팔	
2	**Austria**	오스트리아	14	**Netherlands**	네덜란드	
3	**Bulgaria**	불가리아	15	**New Zealand**	뉴질랜드	
4	**Cuba**	쿠바	16	**Papua New Guinea**	파푸아뉴기니	
5	**Fiji**	피지	17	**Peru**	페루	
6	**Iceland**	아이슬란드	18	**Poland**	폴란드	
7	**Israel**	이스라엘	19	**Portugal**	포르투갈	
8	**Jamaica**	자메이카	20	**Republic of the Congo**	콩고 공화국	
9	**Kenya**	케냐	21	**Singapore**	싱가포르	
10	**Lebanon**	레바논	22	**Solomon Islands**	솔로몬 제도	
11	**Mexico**	멕시코	23	**Thailand**	태국	
12	**Mongolia**	몽골	24	**Venezuela**	베네수엘라	

미순 쌤의
기초 영어 회화

A: Which country do you want to visit?

B: Austria.

R & School

Phonics R (R은 '르' 발음이 난다.)

R [r]	**ray**	**restaurant**
R [r]	**rabbit**	**rainbow**
R [r]	**raccoon**	**rose**
R [r]	**Russia**	**red**
R [r]	**drum**	**crab**
R [r]	**Turkey**	**giraffe**
R [r]	**star**	**ear**
R [r]	**Easter**	**number**

School

1	**Auditorium**	강당	13	**Meeting room**	회의실
2	**Board**	칠판	14	**Nameplate**	명찰, 이름표
3	**Cafeteria**	구내식당, 카페테리아	15	**Picture**	그림
4	**Chair**	의자	16	**Playground**	운동장
5	**Classroom**	교실	17	**Poster**	포스터
6	**Computer**	컴퓨터	18	**Principal**	교장 선생님
7	**Desk**	책상	19	**Principal's office**	교장실
8	**Door**	문	20	**Restroom**	화장실
9	**Drinking fountain**	분수식 물 마시는 곳	21	**School**	학교
10	**Gym**	체육관	22	**Swimming pool**	수영장
11	**Lab**	실험실, 연구실	23	**Vice principal**	교감 선생님
12	**Library**	도서관	24	**Window**	창문

미순 쌤의
기초 영어 회화

A: Who is our homeroom teacher this year?

B: Mrs. Kim.

S & Vacation

Phonics S (S는 'ㅅ, ㅈ' 발음이 난다.)

S [s]	**Spain**	**sun**	'ㅅ' 발음이 난다.
S [s]	**snake**	**snow**	'ㅅ' 발음이 난다.
S [s]	**mouse**	**horse**	'ㅅ' 발음이 난다.
S [s]	**books**	**maps**	'ㅅ' 발음이 난다.
S [z]	**wisdom**	**monkeys**	'ㅈ' 발음이 난다.
SH [ʃ]	**shark**	**shop**	'쉬' 발음이 난다.
SH [ʃ]	**seashell**	**mushroom**	'쉬' 발음이 난다.
SH [ʃ]	**Spanish**	**fish**	'쉬' 발음이 난다.

Chapter 19

Vacation

1	Beach	바닷가, 해변	13	Parasol	파라솔, 양산
2	Bucket	양동이	14	Sand	모래
3	Cabin	오두막집	15	Sandcastle	모래성
4	Camp fire	캠프파이어	16	Sea	바다
5	Canoe	카누	17	Seashell	조개
6	Deck chair	갑판 의자	18	Sunbathing	일광욕
7	Goggles	고글	19	Sunglasses	선글라스
8	Hammock	해먹	20	Sunscreen	자외선 차단제
9	Hotel	호텔	21	Surfing	서핑
10	Ice	얼음	22	Swimming suit	수영복
11	Mattress	매트리스	23	Tent	텐트
12	Pail	양동이	24	Thermo bottle	보온병

미순 쌤의
기초 영어 회화

A: Did you bring a thermo bottle?

B: Yes, I did.

T & English conversation 5

Phonics T (T는 'ㅌ' 발음이 난다.)

T [t]	**t**riangle	**t**rain
T [t]	**T**aiwan	**t**iger
T [t]	**t**urtle	**t**omato
T [t]	win**t**er	oc**t**opus
T [t]	den**t**is**t**	rabbi**t**
TH [θ]	ba**th**	ear**th**
TH [θ]	**Th**ursday	**th**ree
TH [ð]	**th**at	fa**th**er

*th 발음은 [θ]는 무성음이고 [ð]는 유성음이다. 유성음은 성대가 진동하며 나는 소리이고, 성대가 진동하지 않는 소리는 무성음이라고 한다.

English conversation 5

*권유하기 (승낙할 때)

A: Would you like some pizza? (피자 좀 드실래요?)

B: Yes, please. (네, 주세요.)

*권유하기 (거절할 때)

A: Would you like some pizza? (피자 좀 드실래요?)

B: No, thank you. (고맙지만 괜찮아요.)

*좋고 싫음 표현하기

A: Do you like fish? (당신은 생선을 좋아하나요?)

B: Yes, I do. (네, 좋아해요.)

A: Do you like fish? (당신은 생선을 좋아하나요?)

B: No, I don't. (아니요, 좋아하지 않아요.)

*사람 표현하기

A: Who's that? (저분은 누구시니?)

B: She's a new English teacher. (그녀는 새로 오신 영어 선생님이셔.)

U & Christmas songs

Phonics U (U는 여러 다른 발음이 난다.)

U [ə:]	**turtle**	**nurse**	u가 '어~' 발음이 난다.
U [ə]	**Venus**	**bathtub**	u가 '어' 발음이 난다.
U [ʌ]	**duck**	**hungry**	u가 '어' 발음이 난다. (ə 발음보다 입을 조금 크게 벌린다.)
U [u:]	**Peru**	**student**	u가 '우~' 발음이 난다.
U [ju:]	**universe**	**unicorn**	u가 '유~' 발음이 난다.
U [ju:]	**tuba**	**music**	u가 '유~' 발음이 난다.
U [ju]	**Mercury**	**ambulance**	u가 '유' 발음이 난다.
U [i]	**business**	**busy**	u가 '이' 발음이 난다.

Jingle Bells

Jingle Bells

Dashing through the snow

in a one-horse open sleigh,

O'er the fields we go,

laughing all the way.

Bells on bob-tails ring,

Making spirits bright.

What fun it is to ride and sing

a sleighing song tonight, Oh!

Jingle bells, jingle bells,

jingle all the way,

Oh what fun it is to ride

in a one-horse open sleigh, hey!

Jingle bells, jingle bells,

jingle all the way,

Oh what fun it is to ride

in a one-horse open sleigh!

Rudolph

Rudolph

Rudolph the Red-Nosed Reindeer,

Had a very shiny nose,

And if you ever saw it,

You would even say it glows.

All of the other reindeer,

Used to laugh and call him names,

They never let poor Rudolph,

Join in any reindeer games.

Then one foggy Christmas Eve,

Santa came to say:

"Rudolph with your nose so bright,

Won't you guide my sleigh tonight?"

Then how the reindeer loved him,

As they shouted out with glee:

"Rudolph the Red-Nosed Reindeer,

You'll go down in history."

미순 쌤의
기초 영어 회화

A: What did you get as a Christmas gift?

B: I got a big teddy bear.

Chapter 22

V & Games

Phonics V (V는 'ㅂ' 발음이 난다.)

V [v]	**<u>v</u>ase**	**<u>v</u>et**
V [v]	**<u>V</u>ietnam**	**<u>v</u>est**
V [v]	**<u>V</u>enus**	**<u>v</u>owel**
V [v]	**<u>v</u>egetable**	**<u>v</u>iolin**
V [v]	**ner<u>v</u>ous**	**di<u>v</u>ide**
V [v]	**fa<u>v</u>orite**	**se<u>v</u>en**
V [v]	**bra<u>v</u>e**	**fi<u>v</u>e**
V [v]	**relati<u>v</u>e**	**glo<u>v</u>e**

Who am I?
(나는 누구일까요?)

영어로 하는 스무고개 게임으로써 질문은 한국말로 하고 대답은 오로지 Yes 와 No로만 할 수 있고 답은 영어로 맞춰야 한다.

Ex) Who am I?

Q: 동물입니까?
A: Yes.

Q: 물속에서 삽니까?
A: No.

Q: 날 수 있습니까?
A: No.

Q: 다리가 4개 입니까?
A: No.

Q: 다리가 2개 입니까?
A: No.

Q: 다리가 없습니까?
A: Yes.

Q: 몸이 길고 땅에서 기나요?
A: Yes.

Q: 답은 snake (뱀) 입니다.
A: 네. 정답입니다.

Riddle(수수께끼)

1. What goes up but never comes back down?

A) Your age.

2. What travels around the world but stays in one spot?

A) A stamp.

3. Mr. Blue lives in the Blue house. Mrs. Yellow lives in the Yellow house. Mr. Orange lives in the Orange house. Who lives in the White House?

A) The President.

4. David's parents have three sons: Tom, John and···?

A) David.

5. What is always in front of you but can't be seen?

A) The future.

미순 쌤의
기초 영어 회화

A: Let's play "Who am I?" game.

B: Okay.

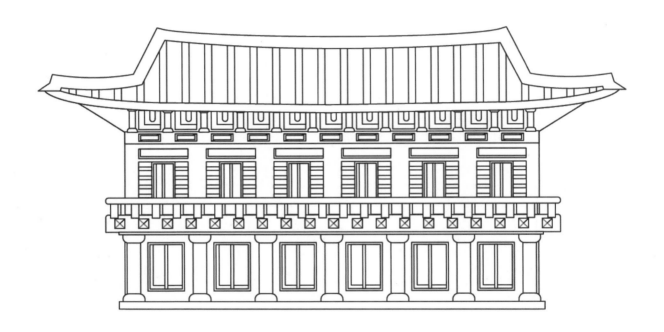

W & Television Station

Phonics W (W는 '우' 발음이 난다.)

W [w]	**wife**	**window**
W [w]	**Wednesday**	**winter**
W [w]	**watch**	**weather**
W [w]	**water**	**wolf**
W [w]	**Norway**	**Taiwan**
W [w]	**Sweden**	**Switzerland**
W [w]	**twenty**	**twelve**
W [w]	**kiwi**	**underwear**

Chapter 23

Television Station

1	**Actor**	남자 배우		13	**Green room**	공연자 휴게실
2	**Actress**	여자 배우		14	**Microphone**	마이크
3	**Anchor**	뉴스 진행자		15	**News**	뉴스
4	**Announcer**	아나운서		16	**Producer**	프로듀서
5	**Assistant director**	조감독, 조연출		17	**Program director**	프로그램 감독
6	**Audience**	청중		18	**Reporter**	리포터, 기자
7	**Camera**	카메라		19	**Scripter**	스크립터, 대본 작가
8	**Caster**	캐스터, 진행자		20	**Shooting**	(영화) 촬영
9	**Celebrity**	유명인		21	**Singer**	가수
10	**Comedian**	희극 배우		22	**Soap opera**	연속극, (멜로)드라마
11	**Documentary film**	다큐멘터리 영화, 기록 영화		23	**Television Station**	방송국
12	**Freelancer**	프리랜서		24	**Voice actor**	성우

미순 쌤의
기초 영어 회화

A: What do you want to be in the future?

B: I want to be a program director.

broadcasting
station

X & English conversation 6

Phonics X (X는 여러 다른 발음이 난다.)

X [eks]	**X-ray**	**X-ray fish**	'엑스' 발음이 난다.
X [gz]	**exam**	**example**	'그즈' 발음이 난다.
X [ks]	**boxing**	**excited**	'그스' 발음이 난다.
X [ks]	**galaxy**	**oxygen**	'그스' 발음이 난다.
X [ks]	**Mexico**	**taxi**	'그스' 발음이 난다.
X [ks]	**fox**	**box**	'그스' 발음이 난다.
X [ks]	**mix**	**six**	'그스' 발음이 난다.
X [ks]	**tax**	**ax**	'그스' 발음이 난다.

English conversation 6

*직업 묻기

A: What do you do? (당신의 직업은 무엇인가요?)
B: I'm a nurse. (저는 간호사에요.)

*색깔 묻기

A: What color is it? (그것은 무슨 색깔인가요?)
B: It's indigo. (그것은 남색이에요.)

*감정 표현하기

A: How do you feel today? (오늘 기분이 어때요?)
B: I'm tired. (피곤해요.)

*물건 가격 묻고 물건 사기

A: How much is it? (그것은 얼마인가요?)
B: It's 20 dollars. (20달러입니다.)
A: Here you are. (여기 있어요.)
B: Thanks. (고마워요.)

Y & Amusement Park

Phonics Y (Y는 여러 다른 발음이 난다.)

Y [j]	**Yes**	**yellow**	y가 '이' 발음이 난다. (i보다 강하고 굵게 발음)
Y [j]	**yard**	**yak**	y가 '이' 발음이 난다. (i보다 강하고 굵게 발음)
Y [j]	**yacht**	**yogurt**	y가 '이' 발음이 난다. (i보다 강하고 굵게 발음)
Y [i]	**bicycle**	**gym**	y가 '이' 발음이 난다.
Y [i]	**Mercury**	**family**	y가 '이' 발음이 난다.
Y [i]	**body**	**company**	y가 '이' 발음이 난다.
Y [i]	**Germany**	**strawberry**	y가 '이' 발음이 난다.
Y [ai]	**July**	**dry**	y가 '아이' 발음이 난다.

Amusement Park

1	**Amusement park**	놀이공원	13	**Pinwheel**	바람개비
2	**Balloon**	풍선	14	**Pirate ship**	해적선
3	**Bumper car**	범퍼카	15	**Playground**	놀이터, 운동장
4	**Carousel**	회전목마	16	**Pop corn**	팝콘
5	**Cotton candy**	솜사탕	17	**Roller coaster**	롤러코스터
6	**Elephant train**	코끼리 기차	18	**Slide**	미끄럼틀
7	**Folk village**	민속촌	19	**Souvenir shop**	기념품 가게
8	**Gift**	선물	20	**Swing**	그네
9	**Ice cream**	아이스크림	21	**Theme park**	테마파크
10	**Juice**	주스	22	**Ticket office**	매표소
11	**Jungle gym**	정글짐	23	**Vending machine**	자동판매기
12	**Merry-go-round**	회전목마	24	**Windmill**	풍차

미순 쌤의
기초 영어 회화

A: What's your favorite ride in amusement parks?

B: It's a bumper car.

Z & Airport

Phonics Z (Z는 'ㅈ' 발음이 난다.)

Z [z]	**Zambia**	**zoo**
Z [z]	**zero**	**zipper**
Z [z]	**zebra**	**zigzag**
Z [z]	**zone**	**Zimbabwe**
Z [z]	**Brazil**	**New Zealand**
Z [z]	**maze**	**size**
Z [z]	**quiz**	**jazz**
Z [z]	**sneeze**	**frozen**

Airport

1	**Airplane**	비행기	13	**Gate**	게이트, 탑승구
2	**Airport**	공항	14	**Janitor**	청소부, 관리인
3	**Baggage claim**	수하물 찾는 곳	15	**Luggage**	짐
4	**Boarding pass**	탑승권	16	**Passenger**	승객
5	**Business class**	비즈니스 클래스	17	**Passport**	여권
6	**Check-in Counter**	체크인 카운터, 탑승 창구	18	**Pilot**	파일럿, 비행기 조종사
7	**Customs**	세관	19	**Runway**	활주로
8	**Destination**	목적지	20	**Steward**	(남자) 항공 승무원
9	**Duty-free shop**	면세점	21	**Stewardess**	항공 승무원 (여자)
10	**Economy class**	이코노미 클래스, 기본 등급 좌석	22	**Suitcase**	여행 가방
11	**First class**	일등석	23	**Ticket**	티켓
12	**Flight attendant**	승무원	24	**Visa**	비자

미순 쌤의
기초 영어 회화

A: May I see your passport?

B: Yes, here you are.

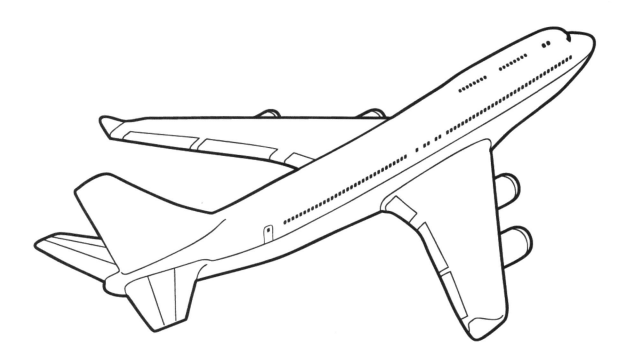

English songs

Old MacDonald had a farm

Old MacDonald had a farm, E-I-E-I-O!
And on this farm he had a duck, E-I-E-I-O!
With a quack quack here,
and a quack quack there.
Here a quack, there a quack,
everywhere a quack quack.
Old MacDonald had a farm, E-I-E-I-O!

Old MacDonald had a farm, E-I-E-I-O!
And on this farm he had a cow, E-I-E-I-O!
With a moo moo here,
and a moo moo there.
Here a moo, there a moo,
everywhere a moo moo.
Old MacDonald had a farm, E-I-E-I-O!

ALPHABET song

ABCDEFG HIJKLMN OPQRSTU VWXYZ

Row row row your boat

Row, row, row your boat. Gently down the stream.
Merrily, merrily, merrily, merrily
Life is but a dream.

Are you sleeping?

Are you sleeping? Are you sleeping?
Brother John, brother John?
Morning bells are ringing.
Morning bells are ringing.
Ding, ding, dong.
Ding, ding, dong.

The muffin man

Do you know the muffin man,
the muffin man, the muffin man?
Do you know the muffin man
who lives on Drury Lane?
Yes! I know the muffin man,
the muffin man, the muffin man.
Yes! I know the muffin man
who lives on Drury Lane.

Mary had a little lamb

Mary had a little lamb, little lamb, little lamb;
Mary had a little lamb, its fleece was white as snow.

And everywhere that Mary went,
Mary went, Mary went;
Everywhere that Mary went,
the lamb was sure to go.
It followed her to school one day,
school one day, school one day;
It followed her to school one day,
which was against the rules.

It made the children laugh and play,
laugh and play, laugh and play;
It made the children laugh and play,
to see a lamb at school.

Why Mary loves the lamb you know,
lamb you know, lamb you know;
Why Mary loves the lamb you know,
the teacher did reply.

She'll be coming round the mountain

She'll be coming round the mountain when she comes.
She'll be coming round the mountain when she comes.
She'll be coming round the mountain.
She'll be coming round the mountain.
She'll be coming round the mountain when she comes.

Refrain) Singing Aye, Aye, Yippee, Yippee Aye!
Singing Aye, Aye, Yippee, Yippee Aye!
Singing Aye, Aye, Yippee, Aye, Aye, Yippee
Aye, Aye, Yippee, Yippee Aye!
She'll be driving six white horses when she comes.
She'll be driving six white horses when she comes.
She'll be driving six white horses.
She'll be driving six white horses.
She'll be driving six white horses when she comes.

And we'll all go out to meet her when she comes.
And we'll all go out to meet her when she comes.
And we'll all go out to meet her.
And we'll all go out to meet her.
And we'll all go out to meet her when she comes.